Bernhard Johannes Schmidt

Autismus

Wenn Händewaschen
hilft

Bernhard J. Schmidt

Autismus
Wenn Händewaschen hilft

© 2016 Bernhard J. Schmidt,
Bad Reichenhall
Alle Rechte vorbehalten.

ISBN: 978-3741237324

Herstellung und Verlag:
BoD – Books on Demand, Norderstedt.

Bibliografische Information der Deutschen Nationalbibliothek:
Die Deutsche Nationalbibliothek verzeichnet diese Publikation
in der Deutschen Nationalbibliografie; detaillierte bibliografische
Daten sind im Internet über http://dnb.dnb.de abrufbar.

Mit Autisten reden – nicht über Autisten!

Mit Autisten forschen – nicht über Autisten!

Mit Autisten planen – nicht über Autisten hinweg!

Inhaltsverzeichnis

I. Vorwort..........9

II. Ziele..........14

III. aktuelle Situation..........15

   1 Gesellschaft..........15

      1.1 Defizitorientierte, pathologisierende Perspektive..........16
      1.2 Stigmatisierung = STÖRUNG..........16
      1.3 Paternalistische Bevormundung..........16
      1.4 Ausgrenzung und Marginalisierung (Exkommunikation)..........17
      1.5 Mobbing und Bullying..........17

   2 Gesundheit..........18

      2.1 Gesundheitsbezogene Lebensqualität..........18
      2.2 Erhöhtes Sterblichkeitsrisiko..........19
      2.3 Hohes Suizidrisiko..........19

   3 Arbeit..........19

   4 Urlaub..........20

IV. Möglichkeiten..........21

   1 Neue, sozialpsychologische THEORIE..........22

   2 PRAXIS..........23

      2.1 Beteiligung – Empfehlung Bezirketag Bayern..........23

    2.2 Aktion „Barrierefrei"..................24
    2.3 Solidarhotel....................................25
V. Zwischen „pretend help" und unterlassener Hilfeleistung....................................26
  1 Semmelweis 2.0...................................26
  2 Wer sind die Akteure?..........................28
    2.1 Wissen(g)schaftler 29
    2.2 Elternvertreter...............................35
    2.3 Autisten Selbstvertreter.................37
VI. Zusammenfassung..................................39
VII. Nachwort..41
Anhang 1: Bezirketag..................................42
Anhang 2: Barrierefrei.................................48
Anhang 3: Solidarhotel................................51
  1 „Solidar" Hotel?...................................51
  2 Zielgruppen und Angebote..................52
  3 solidarische Ökonomie........................54
  4 Solidarische Ökonomie dabei heißt auch.........54
  5 Solidar-Fond..55
  6 solidarische Gastronomie....................55
  7 Seniorenkloster – Wohnprojekt für Menschen in Altersarmut..57

8 Autismus..58

   8.1 Umfrage (Zusammenfassung).....................60

Anhang 4: „Haus Autisten"................................71

Literaturverzeichnis...78

I. VORWORT

Der Untertitel „Wenn Händewaschen hilft" bezieht sich auf einen Begebenheit, die ca. 150 Jahre zurück liegt und ein bedeutender Teil der Medizingeschichte geworden ist. Heute ist es eine Selbstverständlichkeit, sich die Hände zu waschen und diese vor medizinischen Behandlungen und Operationen zu desinfizieren. Doch dies war nicht immer so.
Mitte des 19. Jahrhunderts war die Sterblichkeitsrate von Müttern und ihren Kindern in den Krankenhäusern sehr hoch. Vergleichbar ist dies mit der aktuellen Situation von Autisten, die sowohl ein erhöhtes Sterblichkeits-Risiko, eine niedrige gesundheitsbezogene Lebensqualität als auch ein erhöhtes Suizid-Risiko haben.

Eine weitere Parallele zwischen damals und heute ist, neben dem unnötigen Leiden und Sterben, dass Ansätze und Theorien ignoriert und bekämpft wurden und werden, die zu einer raschen und weitreichenden Verbesserung der Situation führen würden.
Mitte des 19. Jahrhunderts fand Dr. Semmelweis heraus, dass das Waschen der Hände mit einer desinfizierenden Lösung die Sterblichkeitsrate der Mütter dramatisch gesenkt hat. Doch dies wurde von den Arzt-Kollegen von

Dr. Semmelweis nicht nur verweigert, sondern statt dessen dieser angegriffen.

Auch jetzt gibt es wieder nicht nur praktische Möglichkeiten das Leiden und Sterben von Autisten zu verringern, sondern zusätzlich auch eine Theorie, die dies umfassend erklären kann. Doch beides, sowohl die praktischen Ansätze als auch die Theorie, wird wieder, so wie damals, ohne Prüfung (!) zurückgewiesen.

Auch heute wieder zeigen Wissenschaftler und Mediziner, aber auch Eltern- und Autisten-Organisationen und -Vertreter den „Semmelweis-Reflex".

„Als Semmelweis-Reflex wird die Vorstellung beschrieben, dass das wissenschaftliche Establishment eine neue Entdeckung ohne ausreichende Überprüfung erst einmal ablehne und den Urheber eher bekämpfe als unterstütze. Als typisches Beispiel wird die erst nach Jahrzehnten anerkannte Theorie der Kontinentalverschiebung Alfred Wegeners genannt." [Quelle: wikipedia.de]

Doch anders als bei der genannten Theorie der Kontinentalverschiebung, ging und geht es bei den Müttern damals und Autisten heute im wahrsten Sinne des Wortes um Leben und Tod.

Eine zeitliche Verzögerung bei der Akzeptanz von rein „akademischen", nicht das Leben von Menschen beeinflussenden Theorien kann man sicher verschmerzen und dulden. Doch wenn es um Leib und Leben von Menschen geht, so ist eine Verweigerung der Umsetzung nicht zu tolerieren.

Und auch wenn ich es nicht „Morden" nennen würde, so schließe ich mich der Haltung von Dr. Ignaz Semmelweis ansonsten an, auch wenn diese Haltung als „wenig diplomatisch" bezeichnet wird.

„Semmelweis antwortete mit deutlichen, nicht immer diplomatischen Worten in offenen Briefen an führende Professoren der Geburtshilfe:

„Ich trage in mir das Bewusstsein, dass seit dem Jahre 1847 Tausende und Tausende von Wöchnerinnen und Säuglingen gestorben sind, welche nicht gestorben wären, wenn ich nicht geschwiegen, sondern jedem Irrtum, welcher über Puerperal-Fieber verbreitet wurde, die nötige Zurechtweisung hätte Teil werden lassen [...]. Das Morden muss aufhören, und damit das Morden aufhöre, werde ich Wache halten, und ein jeder, der es wagen wird, gefährliche Irrtümer über das Kindbettfieber zu verbreiten, wird an mir einen rührigen Gegner finden. Für mich gibt es kein anderes Mittel, dem Morden Einhalt zu tun, als die schonungslose Entlarvung meiner Gegner, und niemand, der das Herz auf dem rechten Fleck hat, wird mich tadeln, dass ich diese Mittel ergreife." – (An Späth in Wien, 1861)

„Sollten Sie aber, Herr Hofrat, ohne meine Lehre widerlegt zu haben, fortfahren, Ihre Schüler und Schülerinnen in der Lehre des epidemischen Kindbettfiebers zu erziehen, so erkläre ich Sie vor Gott und der Welt für einen Mörder." – (An Scanzoni in Würzburg, 1861)"
[Quelle: Wikipedia.de]

Trotzdem kann das und darf das Schreiben einer umfassenden „Anklage" in Form eines Buches nur die „ultima ratio" sein, sollten alle anderen Wege vorher versucht worden sein. Doch dies ist in den letzten Monaten kontinuierlich und leider ohne Erfolg geschehen. So wurden ein Großteil der hier im folgenden genannten Organisationen und ihre Vertreter von mir (sogar teils mehrfach) kontaktiert und um Gehör und Unterstützung gebeten. Und das zumindest anfangs freundlich und diplomatisch.

Schon beim Erscheinen von Band 1 „Autismus verstehen" [Schmidt 2015 / 1] im Januar 2015 war ich nicht sehr optimistisch. So schrieb ich:
„Ob der hier dargelegte Perspektivenwechsel dann wirklich zu einer Veränderung in der Autismus-Forschung und -Wahrnehmung führt, das ist eine der spannenden Fragen.
Das Ende des Märchens von „Des Kaisers neue Kleider" von Hans Christian Andersen (1805 – 1875) lässt dies

eher nicht vermuten:
'... 'Aber er hat ja nichts an!' rief zuletzt das ganze Volk. Das ergriff den Kaiser, denn es schien ihm, sie hätten Recht; aber er dachte bei sich: 'Nun muß ich die Procession aushalten.' Und die Kammerherren gingen noch straffer und trugen die Schleppe, die gar nicht da war.'"

Dieser Pessimismus hat sich leider mehr als bewahrheitet, weshalb ich nun dieses Buch schreibe. Über sowohl den Zeitpunkt („Er hätte doch noch etwas länger warten können, warum hat er denn keine Geduld?") als auch die Form („Warum ist er so undiplomatisch?") kann man streiten und darf anderer Meinung sein.

Doch wen das aktuelle Leiden von Autisten nicht kalt lässt und wem an einer positiven Veränderung ernsthaft gelegen ist, der wird nicht Diplomatie sondern handfeste Theorien und realisierbare Konzepte erwarten.

Es war nicht die Aufgabe von Dr. Semmelweis, diplomatisch zu sein, sondern es wäre die Aufgabe seiner Kollegen gewesen, seinen Ansatz zumindest zu überprüfen!
Und es ist eine Verdrehung der Logik und Abfolge, wenn argumentiert wird, dass sich die Ärzte nicht die Hände gewaschen hätten, weil Dr. Semmelweis so unwirsch war. Das Gegenteil ist wahrscheinlicher, nämlich das Dr. Semmelweis zornig war, weil sich seine Kollegen wider besseren Wissens nicht die Hände gewaschen haben.

II. ZIELE

Gerne wird „Zorn" verächtlich gemacht und als wildes, unkontrolliertes Wüten abgetan. Doch der „gerechte Zorn" hat ein Ziel, dass es zu verwirklichen gilt, und liefert die notwendige Energie, die der Erreichung des Ziels im Wege stehende Hindernisse zu beseitigen [siehe auch Pieper, Josef (1939): Zucht und Mass].

Was also sind die Ziele? Meine, ohne Anspruch auf Vollständigkeit, sind:

1.) Die gleichberechtigte Teilhabe von Autisten an der Gesellschaft und sozialen (!) Interaktion.
2.) Die Verbesserung der gesundheitlichen Situation von Autisten.
3.) Die wertschätzende Anerkennung des Anders-Seins von Autisten und Beendigung der Pathologisierung.

Diese Ziele hängen alle zusammen und sind nicht einzeln realisierbar. Die wertschätzende Anerkennung ist Voraussetzung für die Teilhabe – und beides wiederum ist von zentraler Bedeutung für die Verbesserung der gesundheitlichen Situation von Autisten [siehe auch: Schmidt, B. J. 2016/2 und Schmidt, B. J; Ganz, A. 2016/2].

III. AKTUELLE SITUATION

Die aktuelle Situation in Deutschland ist leider weit von den genannten Zielen entfernt. Und, was noch schlimmer ist, dies ist allgemein bekannt!
Bei Wissenschaftlern, Eltern und Autisten sowie ihren Vertretern.
Auch zur Zeit von Dr. Semmelweis hat niemand bestritten, dass die Sterblichkeitsrate bei Müttern in Kliniken (zu) hoch war. Die folgende Auflistung dient somit nicht der Darstellung von etwas Unbekanntem, sondern allein der Vollständigkeit.

1   Gesellschaft

Leben ist immer unauflösbar mit Leiden und Sterben verbunden. Doch ein großer Teil unnötigen (!) Leidens und Sterbens von Minderheiten ist direkt abhängig von der jeweiligen Gesellschaft und deren falschen, mit Vorurteilen beladenen Einstellung gegenüber der jeweiligen Minderheit. Hier ist Autismus keine Ausnahme.

Gesellschaft

1.1 Defizitorientierte, pathologisierende Perspektive

Es ist immer eine Wahrnehmung der Minderheit – allein weil Minderheit – als minderwertig. Und diese steht, mal „netter", mal weniger „nett" formuliert, immer am Anfang einer Kette, die zu Leiden und Sterben führt.

1.2 Stigmatisierung = STÖRUNG

So erfolgt durch die Pathologisierung, also die Wahrnehmung des einfach Anders-Seins als „Krankheit", eine Stigmatisierung und Diskriminierung. Die Diskriminierung im Sinne einer Unterscheidung als defizitär ist die Grundlage für die weitere Missachtung der Rechte von Minderheiten.

1.3 Paternalistische Bevormundung

Die Mehrheit nimmt sich in Folge heraus, die „arme" Minderheit zu bevormunden und dadurch ihrer Freiheits- und Selbstgestaltungsrechte zu berauben. So wurde bei der Einrichtung von Hilfsstrukturen für Autisten über Jahre die zwingende Notwendigkeit der Einrichtung von Autisten-Beiräten übersehen. Aber selbst nach dem Hinweis, dass diese zwar fehlen aber notwendig sind, wurde die Einrichtung dieser Beiräte bis heute nicht realisiert.

1.4 Ausgrenzung und Marginalisierung (Exkommunikation)

Wenn schon in Organisationen, die sich die Unterstützung von und Hilfe für Autisten auf die Fahne geschrieben haben, keine Einbeziehung erfolgt, dann muss einen eine durchgehende Ausgrenzung und Marginalisierung in der Gesellschaft nicht wundern. Doch die (im wahrsten Sinne des Wortes) „Exkommunikation" von Menschen, denen eine „Störung der sozialen Interaktion" von der Mehrheit vorgeworfen wird, ist die wesentliche Ursache für das unnötige Leiden und Sterben von Autisten. Die Exkommunikation war seit den Urformen des Bestehens der menschlichen Gesellschaft – und ist es bis heute – die schlimmste Strafe, die einem Menschen widerfahren kann.

1.5 Mobbing und Bullying

Als Folge von Pathologisierung, Stigmatisierung und Exkommunikation erleben Autisten tagtäglich Mobbing und Bullying. Und das in allen Lebensbereichen. Mit dramatischen Folgen für die Persönlichkeitsentwicklung und Gesundheit [siehe auch: Schmidt, B. J. 2016/2].

2 Gesundheit

Die Gesundheit von Menschen im Allgemeinen und Autisten im Besonderen ist stark abhängig vom sozio-kulturellen Umfeld. Es sind sowohl die physischen wie auch sozialen Bedingungen, die eine positive Entwicklung fördern oder dieser im Wege stehen. Auch hier sei noch einmal auf das Beispiel verwiesen, dass in einem buddhistischen Kloster mit niedriger sensorischer Belastung, wenig Small-Talk, reglementierten Tagesabläufen und ritualisierten Tätigkeiten Autisten nicht als solche und schon gar nicht als krank oder defizitär wahrgenommen würden. In unserer westlichen Wohlstandsgesellschaft sieht dies jedoch ganz anders aus.

2.1 Gesundheitsbezogene Lebensqualität

Etliche Studien der letzten Jahre zeigen, dass die gesundheitsbezogene Lebensqualität bei Autisten niedrig ist. Aber nicht nur bei Autisten, sondern auch bei ihren Eltern. Exkommunikation, Ausgrenzung, Marginalisierung und Mobbing dürften daran einen großen Anteil haben.

2.2 Erhöhtes Sterblichkeitsrisiko

Autisten haben zudem eine deutlich erhöhtes Sterblichkeitsrisiko [Hirvikoski, Tatja, et al. (2015)]. Mögliche Gründe hierfür sind zum einen Angst und Stress als Dauerzustand sowie unsichtbare Barrieren, die einer ausreichenden medizinischen Versorgung im Wege stehen [Schmidt, B. J.; Ganz, A. (2016/1)].

2.3 Hohes Suizidrisiko

Die oben zitierte Studie von Hirvikoski et al. zeigt auch ein stark erhöhtes Risiko für Suizide bei Autisten. In der psychotherapeutischen Praxis dagegen tauchen Autisten kaum auf oder werden nicht als solche erkannt [Schmidt, B. J.; Ganz, A. (2016/2)].

3 Arbeit

Trotz normaler bis hoher Intelligenz werden HFA und Asperger Autisten zu einem großen Teil vom ersten Arbeitsmarkt ausgeschlossen. Häufig sind Autisten arbeitslos oder in Beschäftigungen tätig, die weit unter ihrer Qualifikation liegen. Doch Arbeit ist ein wesentlicher Bestandteil sozialer Interaktion und notwendig für ein selbstbestimmtes Leben. Auch ist Arbeit eine wichtige Ressource für den Aufbau von Selbstwertgefühl.

4 Urlaub

Wie in Schmidt (2015/1) dargelegt, sind Angst und Stress die Hauptprobleme sowohl für Autisten als auch ihre Eltern. So wäre Urlaub für beide Gruppen, Autisten wie auch ihre Eltern, von zentraler Bedeutung für den Erhalt bzw. die Wiederherstellung von Gesundheit. Doch an Urlaubsangeboten für Autisten und ihre Eltern mangelt es. Um korrekt zu sein, diese sind eigentlich nicht vorhanden. Der Bedarf ist dagegen, wie eine Umfrage (n=160) gezeigt hat, sehr groß.

IV. MÖGLICHKEITEN

Solange eine Feuerwehr nicht über die notwendigen Löschmittel wie Wasser oder Schaum verfügt, ist schwer zu entscheiden, ob sie nicht löschen will oder nicht löschen kann.
Es bleibt jedoch immer ein fahler Beigeschmack, weil es ja eigentlich zur Aufgabe einer Feuerwehr gehört, für entsprechende Löschmittel zu sorgen.
Doch in dem Moment, wo nicht nur Löschmittel sondern auch Rauchmelder und Brandschutzeinrichtungen zur Verfügung stehen – und trotzdem nichts passiert, wird offensichtlich, dass es an einem „nicht wollen" liegt.
Dann wird offensichtlich, dass die Akteure entgegen ihren Beteuerungen gar nicht löschen wollen, sondern nur mit Blaulicht und Martinshorn durch die Gegend fahren, Sonderrechte und Ansehen genießen wollen.
Auch wird dann deutlich die Ignorierung des Leidens und die Entsolidarisierung von statt Solidarisierung mit den Opfern.

Mancher wird argumentieren, dass die im Folgenden dargelegten Möglichkeiten bei weitem nicht ausreichen um die Situation von Autisten im Ganzen zu verbessern. Dem stimme ich zu. Doch solange das vorhandene und mögliche schon nicht umgesetzt wird, braucht man sich über weitere Schritte auch nicht den Kopf zu zerbrechen. Andere wiederum werden einwenden, dass ihnen die gebotenen Möglichkeiten nicht gefallen. Auch das darf so sein. Doch dann bedarf es notwendiger Weise der Entwicklung und Anwendung von Alternativen. In der Regel ist es jedoch einem Ertrinkenden egal, mit welchem Seil, Rettungsring etc. er gerettet wird – so lange er überhaupt gerettet wird.

1 Neue, sozialpsychologische THEORIE

Anders als vor ca. 150 Jahren liegt mit der neuen sozialpsychologischen Perspektive eine Theorie vor, die nicht nur Autismus sondern auch die mit Autismus verbundenen Stärken umfassend erklären kann. Diese Theorie zeigt zugleich Möglichkeiten sowohl der Prävention als auch psychotherapeutischen Behandlung von psychischen Problemen bei Autisten auf.
Und auch die Notwendigkeit sowohl von Inklusion als auch der Verhinderung von Mobbing wird deutlich. All dies habe ich in den letzten neun Büchern dargelegt und zur Diskussion gestellt. Doch eine Diskussion ist bis heute ausgeblieben. Weder Fehler noch Alternativen wurden aufgezeigt. Dies alleine jedoch wäre kein Grund dieses Buch zu schreiben, denn eine umfassende Theorie ist

nicht für jeden zugänglich und wird die Bedeutung nicht jedem in gleichem Maße offenbar. In Kombination mit konkreten Möglichkeiten in der Praxis sieht dies jedoch anders aus. Denn diese oder auch entsprechende Alternativen wären leicht zu verstehen und mit wenig Aufwand umzusetzen.

2 PRAXIS

Hier drei Beispiele, wie sich innerhalb von wenigen Monaten zumindest in Teilbereichen die Situation von Autisten und auch von ihren Eltern deutlich verbessern lassen würde – und dies mit geringem Aufwand.

2.1 Beteiligung – Empfehlung Bezirketag Bayern

Wie dramatisch die falsche Wahrnehmung von Autisten und die Ausgrenzung von Autisten ist, zeigt das Beispiel der Einrichtung von „Autismus Kompetenzzentren" in Bayern. Dabei hat man glatt übersehen, und das sowohl bei der Einrichtung als auch über Jahre des Betriebs, dass es keine Beteiligungsstruktur von Autisten z.B. in Form von Beiräten gab und gibt.
Selbst auf den Hinweis hin, dass dies doch erforderlich und wünschenswert wäre, tat sich nichts.

PRAXIS

Und auch nach der Empfehlung des Bayerischen Bezirketags (siehe Anhang 1) von vor ca. einem Jahr hat sich bis heute nichts bewegt. In Bayern nicht – und sonst auch nicht. „autismus Deutschland" als Verein argumentierte, dass man einen entsprechenden unabhängigen Autisten-Beirat nicht braucht – obwohl es einen wissenschaftlichen Beirat gibt. Inklusion und soziale Interaktion sehen anders aus. Eine sofortige und umfassende Umsetzung einer Beteiligungsstruktur ist unumgänglich. Vereine und Organisationen, bei denen eine Beteiligungsstruktur nicht zeitnah umgesetzt wird, machen sich unglaubwürdig und vertreten wohl vieles, nicht aber die Rechte von Autisten.

2.2 Aktion „Barrierefrei"

Mit ein Grund für das hohe Sterblichkeitsrisiko und die niedrige gesundheitsbezogene Lebensqualität bei Autisten sind wohl auch unsichtbare Hürden, die dem Zugang zu medizinischer Versorgung im Wege stehen (siehe Anhang 2). So lag es mehr als nahe, die Aktion www.barrierefrei.online ins Leben zu rufen und Eltern- wie auch Autisten-Organisationen um Unterstützung zu bitten. Dafür würde schon alleine die Verbreitung auf z.B. den Internetseiten, unter den Mitgliedern, bei Ärztekammern ... reichen. Doch bis heute ist nichts dergleichen geschehen. Auch alternative Ansätze für einen barrierefreien Zugang zu medizinischer Versorgung wurden nicht entwickelt.

2.3 Solidarhotel

Wie bereits dargestellt stehen sowohl Autisten als auch ihre Eltern unter hohem Stress und hätten dringend Entspannung und Erholung nötig. Urlaubsangebote, die speziell auf die Anforderungen und Bedürfnisse von Autisten ausgerichtet sind, fehlen jedoch bisher.
Mit dem Konzept des www.solidarhotel.de (siehe auch Anhang 3) besteht nun aber die Möglichkeit, ein solches Angebot zu schaffen. Die dazu benötigten Finanzmittel erscheinen als geradezu winzig, wenn man die Mittel betrachtet, mit denen z.B. ABA-Therapien durch die „Aktion Mensch" gefördert werden.
Je nach verfügbaren Ressourcen wäre eine Unterstützung auch wieder alleine durch die Bewerbung des Projekts oder auch durch die Zurverfügungstellung von Finanzmitteln möglich. Oder durch die Entwicklung von alternativen Konzepten – doch nichts dergleichen ist geschehen. So wird allein mit diesen aufgezeigten Möglichkeiten deutlich, dass es nicht am Können, sondern am Wollen liegt. Dass Mittel zur Verbesserung durchaus vorhanden wären, diese aber von den Akteuren aller Gruppen nicht genutzt und Alternativen nicht entwickelt werden.

V. ZWISCHEN „PRETEND HELP" UND UNTERLASSENER HILFELEISTUNG

Wie bereits in Schmidt 2015/1 dargestellt, sind es „pretend help" und „pretend science", die der Hilfe für Autisten im Wege stehen. Aus ihnen bildet sich das Fundament für unterlassene Hilfeleistung. Diese wird deutlich, wenn einfach zu realisierende Mittel zur Verbesserung der Lebenssituation und zur Hilfe vorhanden sind – und trotzdem nicht angewendet bzw. umgesetzt werden.

1 Semmelweis 2.0

So groß die Ähnlichkeiten der damaligen und heutigen Situation auch sind, so gibt es doch einige gravierende Unterschiede zwischen Semmelweis 1.0 und 2.0.
Zum einen gab es vor zur Zeit von Dr. Semmelweis noch keine Dokumentation über den gleichnamigen Effekt. Es war ja das erste dokumentierte und analysierte Auftreten. Heutzutage sind aber sowohl Dr. Semmelweis als auch der Effekt in der Medizin und Wissenschaft bestens bekannt – oder sollten es zumindest sein.
Zum anderen gab es damals neben den betroffenen Müt-

tern nur zwei beteiligte Gruppen. Auf der einen Seite Dr. Semmelweis und seine wenigen Befürworter, auf der anderen seine Gegner.

Heute dagegen stehen einer Umsetzung möglicher Verbesserungen für Autisten gleich drei Gruppen entgegen. Wissenschaftler und Ärzte als eine Gruppe, Elternvertreter als zweite und Autistenvertreter als dritte Gruppe. Von jeder einzelnen Gruppe ist ein entsprechendes Engagement zu erwarten.

Ein weiterer Unterschied zwischen der damaligen und heutigen Situation ist, dass es bei Dr. Semmelweis „nur" um die Praxis des Händewaschens ging, die Theorie dazu jedoch fehlte. Heute im Bereich Autismus liegt jedoch sowohl eine neue und umfassende Theorie für das Verständnis von Autismus als auch gleich mehrere praktische Möglichkeiten zu Verbesserung der Situation von Autisten vor. Dabei entspräche der notwendige Aufwand für die Umsetzung der heutigen Möglichkeiten denen des Händewaschens damals.

Dass trotz neuer Autismus-Theorie als auch mehrerer praktischer Möglichkeiten sowie Akteure und des Wissens um Dr. Ignaz Semmelweis nichts passiert, macht die Sache umso schlimmer.

2 Wer sind die Akteure?

Nicht Statistiken leiden, sterben oder nehmen sich das Leben, sondern Menschen aus Leib und Blut!
Nicht Zahlen oder Statistiken werden ausgegrenzt und marginalisiert, werden Opfer von Mobbing, sondern Autisten.

Nicht anonyme Organisationen verhindern oder unterlassen die Umsetzung möglicher Hilfen für Autisten und ihre Eltern in Theorie und Praxis, sondern Funktionsträger. Und diese Akteure tragen somit eine persönliche Verantwortung für das Wohl bzw. Leiden von Autisten und ihren Eltern. Und es ist der Vorwurf der unterlassenen Hilfeleistung, den ich hier gegen diese Akteure erhebe.

Dabei ist natürlich zu berücksichtigen, welche Ressourcen den einzelnen Organisationen und ihren Akteuren zur Verfügung stehen. Bei einem Autounfall zum Beispiel sind die Möglichkeiten eines Autofahrers, der nur mit einem einfachen Verbandskasten ausgestattet ist, deutlich geringer als die einer Rettungswagen-Besatzung.
Gerade das Missverhältnis aus den wenigen Ressourcen, die zur Umsetzung der o.g. Möglichkeiten zur Verbesserung der Situation von Autisten notwendig wären, und

der Vielzahl der vorhandenen Ressourcen, egal ob in der Wissenschaft oder bei Eltern- und Autisten-Organisationen, muss kritisiert werden.

Wenn sie einen Rettungswagen zur Verfügung haben und dem Unfallopfer trotzdem nicht helfen, dann ist dies unterlassene Hilfeleistung in einem besonders schweren Fall.

2.1 Wissen(g)schaftler

Wird der Acker der Wissenschaft nicht gemäß der Regeln der Wissenschaft bestellt, dann wächst auf diesem nicht Erkenntnis sondern Scharlatanerie!

Der Verstoß gegen die Regeln der Wissenschaft und die daraus resultierende Scharlatanerie sind die Hauptprobleme für das Leiden und Sterben von Autisten.

Es sind die Forscher, die sich nicht an die Regeln halten, die besondere Verantwortung tragen für die unterlassene Hilfeleistung. Es sind die WissenGschaftler (Gschaftler = bayerisch für Wichtigtuer), die der Hilfe für Autisten im Wege stehen.

Die Regeln, gegen die die Autismus-Forschung der letzten 70 Jahre verstoßen hat, betreffen zwei Bereiche.

Der eine ist das Anwenden der wissenschaftlichen Methodik innerhalb der akzeptierten Grundannahmen. Schon hier versagt die Autismus-Forschung in umfassenden Maße, wie es mittlerweile sogar innerhalb der eigenen Reihen langsam erkannt wird. Doch diese Verstöße z.B. bei der statistischen Methodik führen zu falschen Schlussfolgerungen z.B. was die Wirksamkeit von Therapien betrifft.

Der zweite Bereich wissenschaftlicher Regeln fordert vor allem eins: die ständige Bereitschaft, die Grundannahmen in Frage zu stellen und diese immer wieder auch an konkurrierenden Theorien zu überprüfen. Also z.B. die Annahmen in Frage zu stellen, dass die Erde fest im Mittelpunkt steht und die Sonne darum kreist. Die Annahme, dass die Pflanzen und Lebewesen von Gott geschaffen wurden, die Erde eine Scheibe ist ...

In beiden Bereichen verstoßen die Autismus-Forscher gegen die Regeln der Wissenschaft, verlassen somit den Boden der Wissenschaft, verbreiten Unwissen und ebnen den Weg zur Scharlatanerie!

Das in Schmidt (2015/1) dargelegte sozialpsychologische Paradigma muss kein Wissenschaftler einfach übernehmen oder gut finden. Aber jeder Wissenschaftler (!) ist verpflichtet, dieses unvoreingenommen zu überprüfen. Und die eigenen Grundannahmen daran zu messen.

Die Autismus-Forscher, die gegen die Grundprinzipien der Wissenschaft verstoßen, finden sich vor allem in zwei Institutionen:

Zum einen in der „Wissenschaftlichen Gesellschaft Autismus Spektrum (WGAS):
Die Reihenfolge der Nennung der Forscher bzw. WissenGschaftler erfolgt nach der Nennung auf Homepage der WGAS:

    Prof. Dr. Michele Noterdaeme
    Prof. Dr. Isabel Dziobek
    Prof. Dr. Fritz Poustka
    Prof. Dr. Sven Bölte
    Prof. Dr. Christine Freitag
    Prof. Dr. Ludger Tebartz van Elst
    Dr. Reinhold Rauh
    Prof. Dr. Luise Poustka
    Dr. Mareike Altgassen
    Dipl. Psych. Jennifer Kirchner

Die andere Gruppe ist der „wissenschaftliche" Beirat des Bundesverbandes „autismus Deutschland", der größten Autismus-Elternorganisation in Deutschland.

    Prof. Dr. med. Dipl. theol. Christine M. Freitag
    Prof. Dr. Matthias Dalferth
    Prof. Dr. med. Matthias Dose

Prof. Dr. phil. Inge Kamp-Becker
Prof. Dr. Dr. Kai Vogeley

Der Verstoß gegen die Grundregeln der Wissenschaft verhinderte bislang die Entwicklung einer umfassenden Autismus-Theorie. Ohne theoretische Grundlage und Erkenntnisse über Wirkzusammenhänge standen bisher im Bereich der Therapie von Autisten alleine „evidenzbasierte" Ansätze im Mittelpunkt der Aufmerksamkeit. „Evidenzbasiert" bedeutet, dass man zwar nicht weiß warum etwas wirkt – aber versucht zu beweisen, dass es wirkt. Dieser Ansatz einer „evidenzbasierten Therapie" hat aber zu dem dramatischen Problem geführt, dass man nicht mehr danach geschaut hat, was Autisten in ihrer Unterschiedlichkeit hilft, sondern nur noch, welche Hilfe sich am besten statistisch auswerten und ihre Effektivität messen lässt. Es wurden über Jahre nicht die Hilfsangebote an Autisten angepasst, sondern die Therapien an die statistischen Auswertungsmöglichkeiten – und in der Folge Autisten an die Therapieansätze statt umgekehrt. Auch wenn evidenzbasiertes Handeln bei einfachen Zusammenhängen wie dem zwischen Händewaschen und Sinken der Sterblichkeitsrate funktioniert, so ersetzt es aber niemals die Notwendigkeit, die Frage nach dem „Warum wirkt es?" zu beantworten! Im Gegenteil.

Bei komplexen Strukturen wie der menschlichen Interaktion und Kommunikation jedoch führt eine vermeintliche Evidenzbasierung leicht komplett in die Irre.

Möchte man z.B. den Unterschied zwischen Stimmlosigkeit und Sprachlosigkeit messen und haut zu diesem Zweck allen Probanden mit der gleichen Intensität mit einem Hammer auf den Kopf um nur die Reaktion „schreit" oder „schreit nicht" zu messen, so kann man dies gut quantitativ statistisch überprüfen. Durch das Ausblenden der Erfassung von Alternativen und Nebenwirkungen kommt man so zu einer vermeintlich hohen Evidenz für die Wirksamkeit des Tests und sich daraus ableitender „Therapien".

Das geradezu triviale Grundproblem der Anwendung einer „Evidenzbasierung" bei komplexen Strukturen ist, dass diese umso höher sein wird, je primitiver das zugrundeliegende theoretische Konstrukt!

Trainings und Programme, die sich der komplexen Struktur von menschlicher Interaktion z.B. durch eine Modifikation abhängig von den Befindlichkeiten von Autisten und ihren Eltern (!) anpassen, können ihre Wirksamkeit aber kaum quantitativ statistisch erheben.

Dieser Zusammenhang ist so trivial, dass alle o.g. WissenGschaftler Grund genug hätten, vorhandene Berufsunfähigkeitsversicherungen in Anspruch zu nehmen.

In Folge des Verstoßes gegen die grundlegenden Regeln der Wissenschaft entstand die aktuelle Scharlatanerie in Form von „evidenzbasierter multimodaler zertifizierter und auditierter Therapieangebote", wie es bei „autismus Deutschland" heißt.
Vergleichbar ist dies mit der vorwissenschaftlichen Medizin, bei der man nicht um die Grundlagen von Anatomie und Physiologie wusste und von daher „multimodal" behandelte, d.h. mit Schröpfen, Aderlass, Schädeleröffnungen, Wechselbädern und Beschwörungsriten.
Und das unabhängig davon, ob der Patient Migräne, Gicht, Blinddarmentzündung oder Syphilis hatte.
Eine „Zertifizierung" und „Auditierung" von Scharlatanerie führt nicht zu einer Verbesserung der „Therapie", sondern alleine zu einer aktiven Verschleierung des Nichtwissens. Und dieses Nichtwissen führt dann zu einem „ABA-Glauben", bei dem behauptet wird, dass ABA die einzige Therapie mit wissenschaftlich belegter Wirkung sei. Auf der Grundlage der sozialpsychologischen Autismustheorie wird jedoch deutlich, dass „evidenzbasiert" in diesem Fall vollkommener Humbug ist und ABA auf der Stufe vorwissenschaftlicher „Therapien" wie Schröpfen und Schädeleröffnungen steht.

2.2 Elternvertreter

Beim Bundesverband „autismus Deutschland" handelt es sich um die größte Eltern-Organisation im Bereich Autismus in Deutschland. Zwar beansprucht „autismus Deutschland" auch die bundesweite Vertretung von Autisten für sich, dies wird jedoch von den Autisten so nicht akzeptiert.

Liegt bei den Autismus-Forschern die Hauptverantwortung für die Entwicklung bzw. Überprüfung von Theorie und Therapie, so ist es bei den Vertreter-Organisationen, egal ob der von Eltern oder Autisten, die Umsetzung von praktischen Ansätzen für die Verbesserung der Lebenssituation von Autisten. Und so wird dies von den entsprechenden Organisation zumindest theoretisch auch publiziert. Die Wirklichkeit sieht jedoch leider anders aus.

Die bereits genannten praktischen Möglichkeiten von Aktivitäten mit niedrigem Ressourcenverbrauch zur Verbesserung der aktuellen Situation werden von „autismus Deutschland" einfach ignoriert und Alternativen nicht verwirklicht. Vor allem eine Unterstützung der Aktion „barrierefrei.online" kann und muss von Vertreter-Organisationen erwartet werden.

Das Ignorieren statt Umsetzen eines barrierefreien Zugangs zu medizinischer Versorgung für Autisten bedeutet

in letzter Konsequenz, dass „autismus Deutschland" das Leiden und Sterben von Autisten vollkommen egal ist.
Die Verantwortlichen bei „autismus Deutschland" in der Reihenfolge nach Nennung auf der Homepage:
>Maria Kaminski, Osnabrück
>Dr. Bettina Bönsch, Dresden
>Silke Czerwenka, Blankenburg
>Stefan Dzikowski, Bremen
>Oliver Heusler, Obertraubling
>Dr. Bärbel Wohlleben, Berlin
>Fachreferent: Dipl. Päd. Friedrich Nolte (zugleich Beisitzer WGAS)

Zudem trägt „autismus Deutschland" zu einer Ausgrenzung und Diskriminierung bei, indem immer noch ein pathologisierender Ansatz vertreten und Autismus als „Störung" bezeichnet wird. Nicht Inklusion wird von „autismus Deutschland" umgesetzt, sondern Ausgrenzung und paternalistische Bevormundung.
Die praktische Unterstützung der Eltern, eigentlich ja das Ziel von Eltern-Organisationen, unterbleibt auch, wie sich am mangelnden Interesse am Konzept des „Solidar-Hotels" zeigt. Und auch hier werden wiederum keine Alternativen entwickelt – geschweige denn umgesetzt.

Aber auch die vielen Regionalverbände zeigten bisher kein Interesse oder Engagement, die Situation für Eltern und Autisten aktiv und praktisch zu verbessern.
Mit der Möglichkeit zur einfachen Umsetzung von Aktionen, die innerhalb von Monaten zu einer deutlichen Verbesserung der Lebenssituation von Autisten führen würden, wird bei Unterbleiben der Umsetzung aus „pretend help" (vorgetäuschter Hilfe) unterlassene Hilfeleistung!

2.3 Autisten Selbstvertreter

Die Aufgaben für die Self-advocacy-Szene wäre relativ einfach zu bestimmen mit einer möglichst repräsentativen und regional umfassenden Vertretung der Interessen von Autisten. Diese sollten wirken als Korrektiv gegen Fehlentwicklungen, als Initiatoren von Hilfsangeboten, Beratungen, Umsetzung von Aktionen ... und das möglichst bundesweit.
Nichts dergleichen ist jedoch in den letzten Jahren geschehen (z.B. existiert die „autworker e.G." nach eigenen Angaben seit sieben Jahren erfolglos). Letztlich besteht die „Szene" aus einer überschaubaren Clique von ca. 20 Autisten, die ihre Autismus-Diagnose zur Befriedigung ihrer eigenen narzisstischen Bedürfnisse missbrauchen, statt die große Zahl von Autisten und deren Interessen zu vertreten (siehe auch Anhang 4: „Haus Autisten").

Statt sich also für die Belange von Autisten einzusetzen, dienen diese wenigen Autisten als vermeintliche (letztlich selbsternannte) Autisten-Vertreter vor allem als willkommenes Alibi für Organisationen wie „autismus Deutschland" und die WGAS.
Zu nennen sind hier vor allem
>   Hajo Seng (Beisitzer WGAS)
>   Dr. Christine Preissmann (Beisitzerin autismus Deutschland)

Und auch bei der Umsetzung der genannten Möglichkeiten einer schnellen und umfassenden Verbesserung der Lebensumstände von Autisten (z.B. mit der Aktion barrierefrei.online) verweigern die Selbstdarsteller die Mitwirkung. Verweigern die Beschäftigung mit dem neuen sozialpsychologischen Paradigma und den daraus ableitbaren Möglichkeiten der Hilfen für Autisten.
Unterdrücken die Ausbildung einer bundesweiten Beteiligungsstruktur von Autisten und schaffen keine legitimierte und wirklich repräsentative Vertretungsstruktur.
Statt „Hilfe für Autisten" bieten sie vor allem „Jammern mit Narzissten".

VI. ZUSAMMENFASSUNG

Die aktuelle Situation von Autisten in Deutschland ist katastrophal – und das unbestritten.
Ausgegrenzt und marginalisiert, vom ersten Arbeitsmarkt weitestgehend ausgeschlossen und mit niedriger gesundheitsbezogener Lebensqualität sowie erhöhtem Sterblichkeitsrisiko fristen Autisten ihr Dasein. Wenn sie es nicht vorzeitig durch Suizid beenden.
Und obwohl all dies bekannt ist und einfach zu realisierende Möglichkeiten zur Verbesserung existieren, passiert nichts.
Trotz dreier voneinander theoretisch getrennter Unterstützergruppen (auch Autismus-Forscher sollten aufgrund ethischer Grundsätze Unterstützer sein!) geschieht nichts – im Gegenteil werden eine neue sozialpsychologische Theorie genauso unterdrückt wie praktische Aktionen.

Die Autismus-„Selbstvertreter" outen sich als reine „Selbstdarsteller", die sich von denen, die sie eigentlich vertreten sollten, nämlich den Schwachen und Leidenden, längst entsolidarisiert haben. Ohne Kompetenz und vor allem Legitimation beanspruchen sie für sich ein Vertretungsrecht – und blockieren Veränderung statt diese zu befördern, z.B. als Beisitzer bei der WGAS und „autismus Deutschland". Ja, sie tragen vor allem durch viele unreflektierte Veröffentlichungen zu einer Bagatellisierung der wirklichen Probleme und Individualisierung vermeintlicher Lösungen bei (siehe auch Anhang 4: „Haus Autisten")

So bleibt die Stigmatisierung von Autismus durch die Bezeichnung „STÖRUNG" aufgrund einer pathologisierenden und defizitorientierten Sicht genauso bestehen wie die Ausgrenzung von sozialer Interaktion und Teilhabe.

Gerade die Hardliner einer defizitär-pathologisierenden Sicht betätigen sich als „wissenschaftlicher" Beirat bei „autismus Deutschland" und fördern den „multimodal zertifizierten und auditierten" ABA-Glauben.

Die vermeintlich „wissenschaftliche" Gesellschaft Autismus Spektrum betreibt eine aktive Unterdrückung der neuen sozialpsychologischen Theorie und verweigert die Überprüfung dieser Theorie sowie der eigenen grundlegenden Annahmen.

Die Folgen bekommen täglich viele autistische Kinder und Jugendliche zu spüren, die Opfer von Mobbing werden. Aber auch Erwachsene, die ausgegrenzt und vom ersten Arbeitsmarkt ausgeschlossen werden …

VII. NACHWORT

Es wird wohl etliche geben, die sich über dieses Buch aufregen und ärgern werden. Doch der eigentliche Skandal liegt darin, dass es, und das trotz Vorankündigung (!), überhaupt geschrieben werden musste.

Zu hoffen bleibt, dass in Zukunft die Situation von Autisten in Deutschland stark zum Besseren verändert wird, dass diejenigen, die einer Veränderung im Wege stehen, abgewählt oder aus ihren Ämtern vertrieben werden.

Und dass auf der anderen Seite sich alle diejenigen zusammen schließen, die an einer praktischen und konkreten Umsetzung und Verwirklichung u.a. der hier genannten Möglichkeiten mitwirken wollen.

Es wird eine neue Generation von Wissenschaftlern, Ärzten und Eltern- wie auch Autisten-Vertretern brauchen, um etwas zu bewegen.

Die theoretischen wie praktischen Möglichkeiten wären jedoch vorhanden.

ANHANG 1: BEZIRKETAG

Es gibt sie schon, und sie sind etabliert bei uns: Elternbeiräte in Kitas und Schulen, Heimbeiräte und Pfarrgemeinderäte ... Bei allen geht es um Interessenvertretung, häufig aber auch um die Förderung der jeweiligen Einrichtung durch ehrenamtliches Engagement, Spenden ... Nur bei staatlich finanzierten Autismus-Organisationen wie z.B. autKom (Autismus Kompetenzzentrum Obb.) scheint sich dies noch nicht herumgesprochen zu haben, nicht verpflichtend zu sein.

Aber auch Autisten brauchen eine Interessenvertretung in diesen Organisationen. Und auch diese Organisationen brauchen Unterstützung

Deshalb die Forderung einer <u>verpflichtenden Einrichtung von Beiräten in staatlich finanzierten Autismus-Institutionen</u>, besetzt mit unabhängigen AutistInnen.

Weil

- zum einen, wie die Erfahrungen mit dem "Autismus Kompetenzzentrum" zeigen, Organisationen dazu neigen, den eigentlichen Zweck aus den Augen zu verlieren und sich zunehmend nur um ihren Selbsterhalt kümmern.

- zum anderen AutistInnen durch falsche Informationen in der Öffentlichkeit Schaden entsteht.

- zudem eine kritische Hinterfragung von Inhalten und Zielen leicht verloren geht, aber kontinuierlich notwendig ist.

- die Förderung von hilfsbedürftigen AutistInnen jede nur verfügbare Unterstützung brauchen kann.

- Inklusion nicht nur bei anderen (z.B. SAP) gelobt, sondern auch in der eigenen Institution umgesetzt werden sollte.

- **"Empowerment" statt paternalistischer Bevormundung** das Ziel sein sollte. (siehe Quellen unten)

Was könnte ein Beirat aus Betroffenen denn bewirken? Wozu wäre er gut?
Am Beispiel des "Autismus Kompetenzzentrums":

1.) Zielformulierung

Anhang 1: Bezirketag

a) Mit uns reden - nicht über uns
b) Mit uns forschen - nicht über uns
c) Mit uns planen - nicht über uns hinweg

2.) konkrete Umsetzung

zu a)
Ermutigung und Befähigung z.B. der Teilnehmer der Autisten-Selbsthilfegruppe, die ReferentInnen zu Vorträgen über Autismus zu begleiten.
Dies würde dazu führen, dass mit Autisten und nicht über sie geredet wird.
Es wäre mit Sicherheit eine Bereicherung für die Zuhörer, für die ReferentInnen und die AutistInnen selber.
Wahrscheinlich wird daraus ein gesteigertes Interesse an Weiterbildung entstehen. => b.)

- ...

zu b)
- Initiierung einer gemischten Studiengruppe aus NT´s und AutistInnen z.B. für MOOC´s (http://coursera.org http://udacity.com ...) Fernuni Hagen ...

- Zielformulierung, dass es spätestens in 6 Jahren autistische ReferentInnen mit abgeschlossenem Studium bei autKom gibt.

- Zielformulierung, dass NT-WissenschaftlerInnen zusammen mit autistischen WissenschaftlerInnen über Autismus forschen und publizieren.
Bisher gibt es entweder NT-WissenschaftlerInnen, die (pseudo-)wissenschaftliche Bücher über Autisten schreiben, oder AutistInnen, die Lebensberichte schreiben. Und die Kombination, wo NTs ihre (pseudo-)wissenschaftlichen Bücher mit Zitaten aus Lebensbeschreibungen von AutistenInnen garnieren.
AutistInnen dürfen bisher als WissenschaftlerInnen vielleicht über Kühe Bescheid wissen ... mehr aber auch nicht.

- ...

zu c)
- Diskussion mit Betroffenen über Angebot, Planung und Durchführung von Hilfsangeboten.

- ...

Anhang Quellen zum Thema

Probleme in Institutionen

aus "Margret Wetherell - Identities, Groups and Social Issues"
"In any group of individuals that gather together for a stated purpose there will exist a conscious, task-oriented group and an underlying, unconscious group; the function of this underlying group may be in conflict with the requirements of the task. ..."
Or: *" Institutional defences have their effect, in part, by reducing opportunities für conscious reflection. ..."*

und: Isabel Menzies Lyth (1960): Social Systems as a Defense Against Anxiety

Autismus – Wenn Händewaschen hilft

**Ergebnisniederschrift
über die 72. Sitzung des Fachausschusses für Psychiatrie und Neurologie
vom 24. Juni 2015 im Bayerischen Bezirketag**

4. Autismus-Beiräte; Antrag Bezirksrätin Martina Wenta

Frau Wenk-Wolff begrüßt als Gäste Frau Bezirksrätin Martina Wenta und Herrn Bernhard Schmidt, selbständiger Kaufmann und selbst Autist.

Herr Schmidt bedankt sich für die Einladung und gibt einen kurzen Einblick in den vorliegenden Antrag. Nach seiner Auffassung leisten Beiräte einen entscheidenden Beitrag zur Unterstützung öffentlicher Bereiche. Die Frage, ob Autisten auf Grund ihrer Beeinträchtigung überhaupt wirksam eine Funktion in einem Beirat ausüben können, sei unbedingt zu bejahen, nur sie selbst können auf Grund der Besonderheit ihrer Beeinträchtigung ihre Belange sinnvoll vertreten.
Im Laufe der Debatte wird deutlich, dass es darum gehen soll, die Arbeit der Autismuskompetenzzentren zu unterstützen, dort das Wissen um die Belange der Betroffenen über die Meinung derer, um die es geht, zu stärken und damit zusammen mit den Mitarbeitern der Kompetenzzentren dieses Wissen nach außen zu tragen. Damit können nicht nur die Strukturen des Hilfesystems, sondern insgesamt die Rahmenbedingungen geeigneter für Menschen mit Autismus zu gestaltet werden.
Herr Spuckti teilt mit, dass das autkom dem Anliegen grundsätzlich offen gegenüber stünde. Weiter wird deutlich, dass die Autismuskompetenzzentren in Bayern bzgl. des Umfangs der Angebote unterschiedlich strukturiert sind. Deswegen ist nach Auffassung der Mitglieder des Ausschusses nicht unbedingt sinnvoll, eine klare Vorgabe über die Form der Einbindung der Betroffen machen, vielmehr soll insgesamt die Beteiligungskultur gestärkt und vor Orte eine jeweils angemessene Struktur geschaffen werden.

Die Mitglieder des Fachausschuss für Psychiatrie und Neurologie empfehlen den Bezirken, bei den Autismuskompetenzzentren auf den Aufbau einer Beteiligungskultur zu dringen.

ANHANG 2: BARRIEREFREI

Diese Email wurde an die Akteure wie „autismus Deutschland", Selbsthilfegruppen ... geschickt:

Sehr geehrte Damen und Herren,

schon seit Jahren ist über viele Studien bekannt, dass Autisten eine deutlich reduzierte gesundheitsbezogene Lebensqualität haben.

Eine aktuelle große Studie zeigte nun, dass Autisten auch ein deutlich **erhöhtes Sterblichkeitsrisiko** haben.

Und so kommt Prof. Dr. Bölte im „British Journal of Psychiatry" zu dem Schluss:
"Wir konnten zeigen, dass Personen mit Autismus-Spektrum-Störung (ASS) ein höheres Sterblichkeitsrisiko bei fast allen Todesursachen haben, weshalb alle medizinischen Fachbereiche Kenntnisse über den Autismus benötigen."
Zitiert nach
http://psylex.de/entwicklung/autismus/sterblichkeit.html

Doch nicht nur Kenntnisse bei Ärzten aller Fachbereiche

sind notwendig, sondern auch ein barrierefreier Zugang für Autisten zu medizinischer Versorgung!
Deshalb starten wir die **Aktion "Barrierefrei"**

Als Grundlage und zur Umsetzung bieten wir:

1.) Das Buch **"A. Ganz, B. J. Schmidt: Klartext kompakt. Das Asperger Syndrom für Ärzte"**
http://www.amazon.de/Klartext-kompakt-Asperger-Syndrom-Ärzte-ebook/dp/B01CPBFINK/
gibt es vier Wochen lang als E-Book gratis. In diesem finden Ärzte grundlegende Informationen über Autismus und vor allem über das "Diathese-Stress-Modell" auch Hinweise zur Krankheitsentstehung und -Behandlung bei Autisten.

2.) Auf der Internetseite **www.barrierefrei.online**
a) gibt es zum kostenlosen Download eine **Behandlungsleitlinie**.
Diese wird bei Bedarf aktualisiert werden.
b) Und können sich Ärzte, die einen barrierefreien Zugang bieten, **kostenlos eintragen**. So entsteht eine **Datenbank**, bei der sich Eltern und Autisten informieren können.

Bitte unterstützen Sie die Aktion, indem Sie diese In-

formation an Ihre Mitglieder weiterleiten und möglichst auch auf Ihrer Internetseite veröffentlichen.

Ein großes aber mit gemeinsamer Anstrengung erreichbares Ziel ist es, dass bis zum Jahresende 2016 mindestens 5% der Ärzte in Deutschland einen barrierefreien Zugang für Autisten anbieten!

Mit freundlichen Grüßen

Dr. med. Andreas Ganz
Bernhard J. Schmidt

ANHANG 3: SOLIDARHOTEL

Konzept Solidar-Hotel

Urlaub für Familien und Alleinerziehende
mit (autistischen) Kindern

„Gemeinwohl statt Wellness"

1 „Solidar" Hotel?

Solidarität schaut auf das Gemeinwohl, auf die Mitmenschen und Umwelt.
Anders als Egoismus und Gier strebt Solidarität nicht nach persönlicher Bereicherung, sondern nach dem „bonum commune".
Solidarität bedeutet das Wahrnehmen, Achten von und Miteinander mit
1. den Mitmenschen
2. nachfolgenden Generationen
3. der Region
4. der Natur

und umfasst deshalb alle Ideen und Begriffe wie „Nachhaltigkeit", „Fairness", „Gemeinwohl", „Naturschutz" …

Durch Solidarität, also ein Miteinander, sollen pragmatische Lösungen für aktuelle Probleme und Herausforderungen gefunden und umgesetzt werden.

So utopisch die folgenden Darlegungen auch erscheinen mögen – ein Großteil gerade der betriebswirtschaftlichen und gastronomischen Seite ist bereits in der Praxis erprobt!

Und die zugrundeliegenden Annahmen bezüglich der Problematik „Urlaub" und Anforderungen an diesen sind durch eine Umfrage so bestätigt.

2 Zielgruppen und Angebote

Hauptzielgruppe sind Familien und Alleinerziehende mit (autistischen) Kindern.

Familien stehen häufig unter sehr starken psychischen wie auch physischen Belastungen, die Urlaub, das heißt Entspannung und Rekreation, notwendig machen.
Leider fehlen gerade Familien bzw. Alleinerziehenden mit Kindern häufig die finanziellen Mittel, um sich überhaupt Urlaub leisten zu können.

Das Solidar-Hotel bietet deshalb preiswerten und durch das „all inclusive"-Konzept kalkulierbaren Urlaub für Familien und Alleinerziehende mit Kindern.

Bei Eltern mit autistischen Kindern kommen noch die besonderen Bedürfnisse der Kinder und Anforderungen an die Umgebung hinzu, die einem Urlaub im Wege stehen. Sowohl bei Autisten als auch ihren Eltern sind Angst und Stress häufig sehr große Probleme.
Die tägliche Belastung ist dadurch, nachgewiesen durch etliche Studien, leider sehr hoch.
Angeboten wird Urlaub, der auch und gerade für autistische Kinder und Erwachsene eine entsprechende stressfreie Umgebung und Angebote (siehe unter „Autismus") bietet.

Alle anderen Gäste sind aber natürlich auch herzlich willkommen.

Gerne beherbergen wir auch Seminarveranstaltungen, Inklusionsklassen ...

3 solidarische Ökonomie

Das Solidar-Hotel soll und muss sich betriebswirtschaftlich selber tragen und nicht auf Zuschüsse etc. angewiesen sein! Auch wenn es einer „Quadratur des Kreises" gleich kommt, gilt bei uns folgendes (erprobte) Angebot:

Eine Woche (7 Übernachtungen, Sonntag – Sonntag) „all inclusive"

Erwachsene	250,- EUR
Kinder – 6 Jahre	kostenlos im Zimmer der Eltern bzw. Alleinerziehenden
Kinder 7 – 12 Jahre	130,- EUR im Zimmer der Eltern bzw. Alleinerziehenden
Jugendliche 13 – 18 Jahre	170,- EUR im Familien-Zimmer

4 Solidarische Ökonomie dabei heißt auch

das ganze Jahr ein Preis, also keine höheren Preise während der Schulferien
(Begleit)-Hunde sind willkommen - ohne Kosten
Bei Zusatzangeboten (Ausflüge, Malen, Musik, Entspannung ...) nur Selbstkosten für Material, Eintritte …

5 Solidar-Fond

Selbst bei den sehr niedrig angesetzten Preisen wird es noch Eltern geben, die sich trotzdem keinen Urlaub würden leisten können. Für diese wird ein Solidar-Fond eingerichtet, aus dem der Urlaub dieser Familien bezuschusst werden kann. Gespeist werden soll der Solidar-Fond durch Spenden.

6 solidarische Gastronomie

Die Verpflegung besteht aus
1. Frühstücksbuffet
2. Lunch-Paket vom Buffet
3. Kaffee und Kuchen
4. Abendessen 3-Gänge-Menü vom Buffet

Das Buffet hat mehrere Vorteile, denn jeder kann sich nehmen:
1. was ihm schmeckt
2. soviel wie er braucht
3. und auch neue Speisen ausprobieren.

Es gibt immer verschiedene frisch zubereitete Salate.

Die Speisen werden frisch gekocht und das ohne Geschmacksverstärker, künstliche Aromastoffe etc. (Wir haben eine Küche – und kein Labor. Und eine Fritteuse kennen wir zwar, nutzen diese aber nicht.)

solidarische Gastronomie

Die frischen Zutaten sowohl für Frühstück als auch Abendessen stammen dabei überwiegend aus der Region.

Das Angebot beinhaltet auch kostenlos

ganztags
Softdrinks (verschiedene Limos und Eistees, Tafelwasser)

und von 18 – 21 Uhr
Hausweine (grüner Veltliner, Blauer Portugieser, Zweigelt) von einem kleinen Weingut
Bier vom Fass von einer regionalen Brauerei

Die Limos und Eistees stellen wir selber her – aus natürlichen Zutaten und ohne künstliche Farb- und Aromastoffe!

Dabei achten wir auf auch auf Müllvermeidung. Durch den Bezug von frischen Lebensmitteln überwiegend aus der Region ist der Anfall von Müll erfahrungsgemäß aber schon sehr niedrig.

7 Seniorenkloster – Wohnprojekt für Menschen in Altersarmut

Die Zahl der Menschen, die im Alter auf Grundsicherung angewiesen sind oder aus anderen Gründen nicht genug zum Leben haben, wächst leider sehr schnell.
Durch Armut entsteht aber nicht „nur" eine stete Angst, dass das Geld zum Leben nicht reicht, sondern häufig auch der Ausschluss von sozialer Teilhabe und von sozialen Kontakten.

Die drei wichtigsten Bedürfnisse, auch im Alter, sind aber
soziale Sicherheit
soziale Teilhabe
sinnvolle Aufgabe

Das Solidar-Hotel bietet deshalb auch Wohnplätze für Menschen in Altersarmut. Und das für eine niedrige Monatspauschale (350,- EUR) inkl. Verpflegung, so dass auch von einer kleinen Rente bzw. Grundsicherung noch Geld für private Bedürfnisse übrig bleibt.

Gleichzeitig haben viele Menschen, die sich bereits für das Projekt interessieren, den Wunsch geäußert, aktiv tä-

tig zu sein - gerade auch im pädagogischen und künstlerischen Bereich.
So kann eine Synergie entstehen, dass Angebote für unsere (autistischen) Gäste gemacht werden können, ohne dass diese zusätzlich Geld kosten (außer Materialkosten).

Ziel ist es, dass vier bis fünf Senioren mit im Solidar-Hotel wohnen und das Projekt durch entsprechende Angebote positiv unterstützen.

Die Kernaufgaben des Hotels werden natürlich von sozialversicherungspflichtig angestellten und fair bezahlten Mitarbeitern durchgeführt.

Weitere Informationen finden Sie unter
www.seniorenkloster.de

8 Autismus

Eine neue weil sozialpsychologische Darstellung von Autismus, der Probleme und Stärken von Autisten, finden Sie unter
www.autismusberatung.info/autismus-verstehen .
Drei Punkte gilt es für einen Urlaub bzw. als Hotel besonders zu berücksichtigen:

1.) Autisten haben häufig eine wesentlich sensiblere Wahrnehmung. Viele Dinge, die von Neurologisch Typischen Menschen (NT-Menschen) nicht wahrgenommen werden, stellen für Autisten stark störende bis schmerzhafte Reize dar. Das Umfeld sollte deshalb entsprechend reizarm sein.

2.) Autisten fehlt der „Autopilot". Während NT-Menschen unbewusst über Mimik, Gestik, Sprachmodulation etc. kommunizieren, sich synchronisieren und aneinander orientieren, fehlt diese Orientierung bei Autisten. Eine entsprechende gute Struktur der Abläufe und auch der Umgebung erleichtert Autisten die Orientierung.

3.) Autisten befinden sich ständig im „Task-Mode". Dieser ist gekennzeichnet durch Aktivität, ein starkes Interesse, besonders auch an technischen und naturwissenschaftlichen Themen.

Aufgrund der sensorischen Besonderheit und des fehlenden „Autopilot", also der fehlenden unbewussten Gruppenkommunikation, ist Angst und Stress für Autisten häufig ein Hauptproblem.

Deshalb wollen wir sorgen für
1. ein reizarmes Umfeld
2. klare Strukturen im Gebäude und bei den Tagesabläufen

3. Meditationsraum und Angebote zur Stressreduzierung wie Achtsamkeits Meditation, Yoga, progressive Muskelentspannung, Traumreisen ...
4. Ausflüge in Museen etc.
5. eine große Bibliothek (ca. 500 Bände) zu naturwissenschaftlichen und philosophischen Themen
6. einen Medienraum für z.B. die gemeinsame Teilnahme an MOOC´s (massiv open online course)
7. Bewegungs- und Sportangebote
8. kreative Angebote wie Malen, Töpfern, Musizieren ...
9. und vieles mehr, was das Herz nicht nur von Autisten höher schlagen lässt.

Ein weiteres Hauptproblem für Eltern von autistischen Kindern ist, wie die Umfrage gezeigt hat, das mangelnde Verständnis von Hoteliers und Gästen gegenüber den besonderen Verhaltensweisen von Autisten.

8.1 Umfrage (Zusammenfassung)

Um die Annahme der geschilderten Probleme von Eltern mit (autistischen) Kindern bezüglich Urlaub zu überprüfen und auch besondere Wünsche zu erfragen, habe ich am 18. Januar ein Umfrage gestartet. Diese wurde u.a. bei Facebook aber auch per Email an Selbsthilfegruppen ver-

teilt. Innerhalb einer Woche haben ca. 150 Personen online an der Umfrage teilgenommen!
Den Fragenkatalog finden Sie in der Anlage (die detaillierten Ergebnisse können Sie bei mir anfordern).

<u>Hier eine Zusammenfassung:</u>

Urlaub ist für Sie bisher
    einfach realisierbar 1 2 3 4 5 unmöglich
Der Großteil hatte große bis sehr große Probleme bei der Realisierung von Urlaub!

Probleme bisher bezüglich Urlaub
    kein Problem – Problem – großes Problem
1. zu teuer
2. kein Verständnis für autistische Verhaltensweisen / Bedürfnisse
3. keine Angebote für autistische Kinder / Jugendliche
4. ungeeignete Umgebung (zu laut, …)

Für Zweidrittel waren die Kosten ein großes bis sehr großes Problem.
Kein Verständnis und ungeeignete Umgebung waren die größten Probleme, direkt gefolgt von mangelnden Autismus spezifischen Angeboten.

Als Preis für eine Übernachtung mit "All inclusive" pro
Erwachsenem ist für Sie akzeptabel:
> 30 - 40 EUR   ca. 1/3 der Antworten
> 41 - 50 EUR   ca. 1/3 der Antworten
> 51 - 60 EUR   ca. 1/3 der Antworten

Wichtige Angebote wären für Sie
> unwichtig – wichtig – sehr wichtig
1. gemeinsame Ausflüge z.B. in Museen
2. Fachbibliothek
3. Medienraum mit Internet, Beamer ...
4. Meditationsraum
5. Sauna
6. Schwimmbad
7. Wald / Wiese
8. Tiere (Hühner, Kaninchen, Ziegen ...)
9. Spielplatz
10. Entspannungs / Meditations -Angebote
11. Kreative Angebote (Malen, Musizieren ...)
12. Sportangebote

Am wichtigsten sind „Wald und Wiese", gefolgt von „Schwimmbad", „Spielplatz", „Tiere", ...
Unwichtig dagegen sind eher „Sauna", „Bibliothek", „Medienraum", ...

Der Großteil ist auf Schulferien angewiesen und kommt aus Bayern.

Die meisten Befragten haben zwei Kinder (ca. 40%), jeweils ein bzw. drei Kinder haben ca. 25%.

Beim Großteil ist ein Kind autistisch, und ca. 20% der Befragten (Eltern) sind selber Autisten.

Am wichtigsten bei der Verpflegung ist den Eltern „frisch gekocht", gefolgt von „ohne Geschmacksverstärker …" und „regional".

Nicht wichtig ist den Eltern dagegen „glutenfrei" etc., „vegetarisch" und „vegan".

<u>Einige Kommentare, die abgegeben wurden:</u>

tolles Projekt (auch wenn es für uns fast schon zu spät kommt) !

Ein eigener Zugang/ einzelne Hütten oder ähnliches wäre toll. So dass man wirklich niemandem begegnen muß, wenn man nicht will.

Möglichste Räume schaffen, mit wenig äußeren Reizen wie gemusterte Tapeten, tickende Uhren, vollgestellten Möbeln etc.

Wir benötigen robuste, sparsam eingerichtete Zimmer. Unser Sohn wird durch eine vollgefrachtete Umgebung zu stark zum Ausprobieren aufgefordert und wir können nicht immer rechtzeitig zu Stelle sein, um Gegenstände zu retten. Zu enge dunkle Räume, Flure sind ebenfalls ungünstig. Toll wären auch Tandems oder ähnliches vor Ort. Anbindung an öffentlichen Nahverkehr.

Wichtig für einen stressfreien Urlaub ist für Autisten festgelegte Essenszeiten und ein strukturiertes Freizeitangebot, sowohl für Kinder, als auch für Erwachsene. Eine professionelle Kinderbetreuung wäre für Familien eine große Entlastung.

Ich (53 J.) habe eine Asperger Diagnose und meine 10-jährige Tochter ist mit Spina bifida geboren und daher auf einen Rollstuhl angewiesen.

Ganz wichtig ist für uns ein Pflegebett was man schließen kann. Zum Beispiel von der Firma Kaiser. So eins haben wir auch zuhause.

Wir sind eine Wohngruppe für Menschen mit Autismus und betreuen 21 ERWACHSENE autistische Menschen im Alter von 19-50 Jahren. Obwohl wir daher nicht ganz in Ihr Profil passen habe ich diesen Fragebogen als Einrichtungsleitung ausgefüllt. Ein Hotel, zugeschnitten für autistische Menschen hört sich zunächst auch für uns interessant an. Vielleicht ist Ihr Konzept ja zukünftig noch "ausbaufähig". Wir würden uns sehr freuen! Sobald Sie Ihr Hotel eröffnet haben, lassen Sie es mich bitte wissen. Viele Grüße und viel Erfolg mit Ihrem Projekt Christine Sch.

Wichtig: genügend Schlafräume pro Appartement, damit autistische Kinder ein eigenes haben können (Rückzugsort))

Ich betreibe eine Wohnmöglichkeit für erwachsene Menschen mit Autismus. Bislang war es wichtig das wir im "Notfall" wieder nach Hause fahren konnten, also aus meiner Sicht lieber verteilte kleine Ferieneinheiten planen. Die Ausstattung müsste recht "stabil" sein. Vielleicht eine Anbindung an bestehende Einrichtungen. Viel Erfolg und herzliche Grüße aus Niedersachsen - Beate L.

Tolle Idee ich hoffe Sie halten uns auf dem Laufenden! Liebe grüße Stephanie K.

Es muß in dem Hotel dauerhaft eingearbeitete Personen geben, die effektiv einen vermittelnden Ausgleich zwischen den unterschiedlich ausgeprägten Konfliktpotentialen - aufgrund des unpassenden Sozialverhaltens der Autisten untereinander - bewahren können. Rückzugsräume in großer Zahl und Flure/Treppen, die zu gleichen Zielen kreuzungsfreie (konfliktarme) Wege ermöglichen (so verläßt man z.B. Abschnitte in Stadien), können das unterstützen.

So ein Hotel speziell für Autisten angepasst wäre ja mal eine geniale Idee!

Das größte Problem für uns ist, dass wir uns nicht entspannen können weil es uns unangenehm ist, dass sich andere von dem teils lauten Geschrei unseres autistischen Kindes gestört fühlen könnten. Wir bräuchten also einen Raum zum Lautsein (auch nachts). Guter Schallschutz!

Für uns waren früher, als die Kinder jünger waren, nur kleine Hotels mit möglichst geringer Belegung möglich. Am Besten war es, wenn wir (fast) die einzigen Gäste waren. Ein "normal" gefüllter Frühstücksraum oder Restaurant wäre nicht möglich gewesen und ist jetzt noch sehr schwierig und hebt den Erholungseffekt des Urlaubs auf, so dass man es auch gleich hätte lassen können bzw lässt.

Den Ort, an dem ich MIT meinem Autisten gemeinsam und für beide völlig entspannt tatsächlich so etwas wir erholsamen Urlaub machen kann und, wo die Seele wirklich einmal baumelt, habe ich noch nicht gefunden!

Verständnis für autistische sonderbare Verhaltensweisen

Ihnen alles erdenklich Gute bei der Umsetzung Ihrer Pläne.

Wichtig wäre ein Speiseraum mit wenigen Tischen, d.h. geringer Geräuschkulisse sowie immer die gleiche Bedienung und der gleiche Tisch. Geringe Wartezeiten beim Essen vielleicht durch Vorbestellung?

Wichtig ist auch ein geschlossenes Pflegebett, oder ein sehr kleines Zimmer für das Autistische Kind, in das nur ein Bett u. ein Schrank passen, plus Sicherung der Zimmertür mit Treppenschutzgitter. Schön wären auch Betreuungskräfte, die stundenweise gebucht werden können.

Wichtig ist für mich, dass ein Spielplatz für alle Altersgruppen zugänglich wäre und dass ein Behindertenbegleithund mitgenommen werden kann, der im Idealfall auf der Terrasse liegen kann und nah am Hotel spazieren kann.

Kleine abgegrenzte Speiseräume, wegen der Laustärke wären toll. Individuelle Kinderbetreuung, evtl als Zusatzangebot zubuchbar.

Viel Erfolg!!!

Unser Sohn ist 24 Jahre alt. Er möchte gerne Urlaub ohne Eltern machen. Da er nicht so stark betroffen ist, möchte er sich nicht nur mit Autisten umgeben. Das ist ein großes Problem. Er bräuchte einen Betreuer, der einen Urlaub begleitet. Diese Autisten fallen mal wieder durch alle Raster. Ich denke da ist mein Sohn kein Einzelfall

Es wäre schön, dass die Betten und Sitzmöbel milbenfrei sind, da mein Sohn starke Milbenallergie hat. Wir mussten daher ein Urlaub früh abbrechen. Wir haben in der Verwandtschaft ebenfalls einen Hochbegabten Autisten, der auch unter der Milbenallergie leidet. Bei der Gestaltung eines Hotels würde ich Ihnen gerne den Tipp geben, dass die allgemeine Gestaltung eines Hotels sehr reizarm gestaltet werden sollte. Dazu zählt auch die reduzierte Akkustik. Was die Mahlzeiten betrifft, so sind die meisten Autisten sehr eigen in der Hinsicht. Meine zum Beispiel mögen nicht, wenn die Soße die Kartoffeln berührt oder Möhren sich mit den Erbsen mischen. Genauso ist es ein Problem mit den sichtbaren Kräutern im Essen. usw. ... Da könnte ich Ihnen vieles noch auflisten aber sicherlich haben Sie nicht die Zeit dazu.

Ruhige Umgebung sehr wichtig , schattige Umgebungen.

Fazit:

Wir werden es nicht allen Recht machen können – aber wir werden uns bemühen, für möglichst viele Menschen einen geeigneten und günstigen Urlaubsort zu bieten. Die Bedeutung von Entspannungsmethoden auf der einen und „Interesse" auf der anderen Seite wird im Augenblick wohl noch nicht im Ganzen durchschaut aber einen Meditationsraum und eine Bibliothek wird es in jedem Fall geben, wenn auch so nicht unbedingt gewünscht. Und gerade das soziale Miteinander, der soziale Kontakt ist wesentlich für eine positive Entwicklung von Autisten! (siehe auch: „Bernhard J. Schmidt: Autist und Gesellschaft – Ein zorniger Perspektivenwechsel. Band 2: Hilfen für Autisten?")

Das setzt aber auch die Bereitschaft aller voraus, sich auf neue Erfahrungen einzulassen, diese wenigstens einmal auszuprobieren (z.B. Erbsen und Möhren zu mischen ...).

Auf jeden Fall werden wir ein offenes Ohr und Verständnis haben!

ANHANG 4: „HAUS AUTISTEN"

Der "house Negro"-Effekt, wie ich ihn nenne, ist leider bisher nicht wissenschaftlich (sozialpsychologisch) untersucht worden. Dies alleine ist schon bemerkenswert. Meine Grundhypothese lautet, dass es in jeder unterdrückten Gruppe Individuen geben wird, die aufgrund geringer Vorteile materieller oder narzisstischer Art, sich von Ihresgleichen entsolidarisieren und dafür mit den Unterdrückern solidarisieren. (Wird dann häufig "Brücken bauen" oder ähnlich schönfärberisch genannt.)
Es ist egal, ob sie "house Negro" (siehe unten Auszug aus der Rede von Malcom X), Kapo, Blockwart oder Barackenälteste sind - es wird sie immer geben!

Was während der Sklaverei auf den Plantagen der USA der "house Negro" war, sind im Bereich Autismus zur Zeit leider oft die Aktivisten, die "Selbstvertreter".
Die wortwörtlich sich und ihre eigenen Interessen vertreten - und nicht stellvertretend die der "Feld Autisten".
Die durch narzisstisch motivierte Pseudo-Kritik an ABA etc. (z.B. durch einen "offenen Brief an die EU" ohne ausreichende Legitimation oder Qualifikation) und Pseudo-Hilfe (z.B. autworker, die durch minimale Problemlösung das Grundproblem zementieren) den Erhalt des

"Status Quo" betreiben.
Die kein Interesse haben an einem Wandel, einer Befreiung, einer Beteiligung aller. Denn sie sind ja die "Haus Autisten".

Was bei den "house Negroes" das Wohnen im Master-House, gute Kleidung und Essen war, ist in der Autismusszene akutell die Erlaubnis zum Darlegen bzw. Präsentieren der "Innensicht".
Es sind dann immer die gleichen "Aktivisten", die vornehmlich zur Befriedigung ihrer narzisstischen Bedürfnisse immer die gleichen Klagen führen - anstatt etwas zu verändern.
Die die Probleme der Vielen übersehen, die Sorgen und Nöte der Mehrheit der Autisten, ihrer Eltern ...

Und eben nicht an konstruktiven Lösungen und Hilfen arbeiten, die keine Antworten haben auf die drängenden Fragen der Vielen - ja nicht einmal danach suchen.
Und zum Erhalt des eigenen Status Quo auch Erkenntnisse unterdrücken, die einen Wandel herbeiführen und Antworten geben würden.
Kritische Beiträge in Blogs und Foren entweder löschen oder nicht freischalten. Abweichende Meinungen unterdrücken und so Gewalt ausüben.
Die sich festklammern an einer defizitorientierten "Dia-

gnose", obwohl diese nicht valide ist. Und trotzdem gleichzeitig für "Neurodiversität" eintreten.

Der nächste wichtige Schritt müsste sein, zu erkennen und zuzulassen, ja zu fördern, dass Autisten aufgrund ihrer "autistischen Intelligenz" nicht nur Innensichten, sondern auch eine neue Außensicht entwickeln und beitragen können.
Dass gerade Autisten dazu geeignet sind, der "pretend science" ein Ende zu bereiten ... und damit auch "pretend help" und "pretend inclusion".
Aber "so weit sind wir in Deutschland noch nicht" - heißt es dann ... auch und gerade von den "Haus Autisten".

Es geht darum, dass NT-Menschen nicht länger die "Außensicht" alleine für sich beanspruchen und damit die Festlegung z.B. der Diagnosekriterien, einer defizitorientierten Wahrnehmung von Autismus überhaupt.
Autisten dürfen bisher ein wenig "Innensicht" beitragen - als "Folklore".
Einem "Empowerment" und wirklicher Inklusion steht das entgegen!

Und die wenigen Autisten, die in den "Genuss" kommen überhaupt gehört zu werden, sollten zumindest reflektieren, ob sie nicht die privilegierten "Haus Autisten" sind -

Anhang 4: „Haus Autisten"

im Unterschied zu den "Feld Autisten".
Also diejenigen, die letztlich zur Diskriminierung und Ausgrenzung beitragen - so wie zu Zeiten der Sklaverei die "Haus Neger" (habe hier bewußt den historisch korrekten Begriff gewählt - nicht den politisch korrekten) im Unterschied zu den "Feld Negern".
Zumindest in der zahlenmäßigen Verteilung gibt es doch große Parallelen!

Die "Selbstvertreter" und "Innensichtler" sollten sich also durchaus selbstkritisch fragen, ob sie sich nur selber vertreten und eben nicht die ca. 400.000 Autisten in Deutschland?!
Ob sie wirklich zur Verbesserung der (Entwicklungs-) Möglichkeiten von Autisten beitragen?
Oder doch nur zur Erhaltung des bestehenden Systems?
Ob sie Antworten auf die dringendsten Fragen entwickeln?
Oder sich nur selber darstellen?

Zum Begriff "house Negro" ein Auszug aus der Rede von Malcom X "Message to Grassroots" (1963):

"To understand this, you have to go back to what [the] young brother here referred to as the house Negro and the field Negro - back during slavery. There was two

kinds of slaves.

There was the house Negro and the field Negro. The house Negroes - they lived in the house with master, they dressed pretty good, they ate good 'cause they ate his food -what he left. They lived in the attic or the basement, but still they lived near the master; and they loved their master more than the master loved himself. They would give their life to save the master's house quicker than the master would. The house Negro, if the master said, "We got a good house here," the house Negro would say, "Yeah, we got a good house here." Whenever the master said "we," he said "we." That's how you can tell a house Negro.

If the master's house caught on fire, the house Negro would fight harder to put the blaze out than the master would. If the master got sick, the house Negro would say, "What's the matter, boss, we sick?" We sick! He identified himself with his master more than his master identified with himself. And if you came to the house Negro and said, "Let's run away, let's escape, let's separate," the house Negro would look at you and say, "Man, you crazy. What you mean, separate? Where is there a better house than this? Where can I wear better clothes than this? Where can I eat better food than this?" That was that house Negro. In those days he was called a "house nigger." And that's what we call him today, because we've

*still got some house niggers running around here.
This modern house Negro loves his master. He wants to
live near him. He'll pay three times as much as the house
is worth just to live near his master, and then brag about
"I'm the only Negro out here." "I'm the only one on my
job." "I'm the only one in this school." You're nothing but
a house Negro. And if someone comes to you right now
and says, "Let's separate," you say the same thing that
the house Negro said on the plantation. "What you
mean, separate? From America? This good white man?
Where you going to get a better job than you get here?" I
mean, this is what you say. "I ain't left nothing in Africa,"
that's what you say. Why, you left your mind in Africa.
On that same plantation, there was the field Negro. The
field Negro - those were the masses. There were always
more Negroes in the field than there was Negroes in the
house. The Negro in the field caught hell. He ate leftovers. In the house they ate high up on the hog. The Negro
in the field didn't get nothing but what was left of the insides of the hog. They call 'em "chitt'lin'" nowadays. In
those days they called them what they were: guts.
That's what you were - a gut-eater. And some of you all
still gut-eaters.
The field Negro was beaten from morning to night. He lived in a shack, in a hut; He wore old, castoff clothes. He
hated his master. I say he hated his master. He was intel-*

ligent. That house Negro loved his master. But that field Negro - remember, they were in the majority, and they hated the master. When the house caught on fire, he didn't try and put it out; that field Negro prayed for a wind, for a breeze. When the master got sick, the field Negro prayed that he'd die. If someone come [sic] to the field Negro and said, "Let's separate, let's run," he didn't say "Where we going?" He'd say, "Any place is better than here." You've got field Negroes in America today. I'm a field Negro. The masses are the field Negroes."

Quelle: http://www.asdk12.org/staff/miller_roger/pages/US_History/Civil%20Rights/Message%20to%20Grassroots,%20Malcom%20X.pdf

LITERATURVERZEICHNIS

Hirvikoski, Tatja, et al. (2015):
Premature mortality in autism spectrum disorder.
In: The British Journal of Psychiatry

Schmidt, Bernhard J. (2015 / 1):
Autist und Gesellschaft -
Ein zorniger Perspektivenwechsel.
Band 1: Autismus verstehen.
1. Aufl. Norderstedt: Books on Demand.
ISBN: 978-3734757402

Schmidt, Bernhard J. (2015 / 2):
Autist und Gesellschaft -
Ein zorniger Perspektivenwechsel.
Band 2: Hilfen für Autisten?
1. Aufl. Norderstedt: Books on Demand.
ISBN: 978-3734792687

Schmidt, Bernhard J. (2015 / 3):
Klartext kompakt:
Das Asperger Syndrom – für Eltern
1. Aufl. Norderstedt: Books on Demand.
ISBN: 978-3739216034

Schmidt, Bernhard J. (2015 / 4):
Klartext kompakt:
Das Asperger Syndrom – für Lehrer
1. Aufl. Norderstedt: Books on Demand.
ISBN: 978-3739220086

Schmidt, Bernhard J. (2015 / 5):
Klartext kompakt:
Das Asperger Syndrom – für Schulbegleiter
1. Aufl. Norderstedt: Books on Demand.
ISBN: 978-3738645330

Schmidt, Bernhard J. (2016/1):
Klartext kompakt.
Das Asperger Syndrom - für Arbeitgeber.
1. Aufl. Norderstedt: Books on Demand.
ISBN: 978-3739228082

Schmidt, Bernhard J. (2016/2):
Klartext kompakt. Das Asperger Syndrom –
Zwischen Mobbing und Inklusion
1. Aufl. Norderstedt: Books on Demand.
ISBN: 978-3839147917

Schmidt, Bernhard J.; Ganz, Andreas (2016/1):
Klartext kompakt. Das Asperger Syndrom - für Ärzte
1. Aufl. Norderstedt: Books on Demand.
ISBN: 978-3739240893

Schmidt, Bernhard J.; Ganz, Andreas (2016/2):
Klartext kompakt.
Das Asperger Syndrom – nicht nur für Psychotherapeuten
1. Aufl. Norderstedt: Books on Demand.
ISBN: 978-3839141380